AF231327

LA FAVORITE

DU MÊME AUTEUR

Biographies

Hubert Beuve-Méry, Fayard, 1990 (Tempus n° 353, sous le titre *L'Homme du* Monde, *la vie d'Hubert Beuve-Méry*, édition revue et augmentée).

Le Prince foudroyé, la vie de Nicolas de Staël, Fayard, 1998 (Livre de poche n° 31449).

L'Éclair au front, la vie de René Char, Fayard, 2004.

Dictionnaires

Le Dictionnaire de la présidentielle, Les quatre chemins, 2007.

Le Dictionnaire Michelet, Voyage dans l'histoire et la géographie françaises, Perrin, 2012.

Documents

Interpol, policiers sans frontières, Éditions Alain Moreau, 1986 ; édition revue et augmentée chez Fayard, 1997.

Un certain Monsieur Paul, l'affaire Touvier, en coll. avec Daniel Schneidermann, Fayard, 1989 et 1994.

Le Procès du sang contaminé, Monde éditions, 1992.

Les juges parlent, en coll. avec Daniel Schneidermann, Fayard, 1992.

Où vont les juges ? en coll. avec Daniel Schneidermann, Fayard, 2002.

La Déclaration universelle des droits de l'homme, en coll. avec Mario Bettati et Olivier Duhamel, Folio actuel, 1998 et 2008.

Récits

Les Couleurs de Nicolas de Staël, Éditions Colophon, 2006.

René Char, en coll. avec Paul Veyne, CulturesFrance éditions, 2007.

Laurent Greilsamer

La Favorite

Fayard

C'est le 6 mai 2012, chère Valérie Trierweiler, au soir de l'élection présidentielle, que j'ai écrit les premières lignes de ce journal qui est devenu le tien. C'est à partir de ce moment que j'ai suivi tes faits et gestes. Je ne regrette pas cette impulsion. Comme je le pressentais, tu t'es révélée hors norme, impériale, amoureuse, explosive, imprévisible. Et visiblement dangereuse.

Si je me suis permis, dès le premier jour, de t'interpeller, c'est que nous sommes confrères et que la règle entre journalistes est le tutoiement. J'ai aussi opté en faveur de cette familiarité parce que tes interventions multiples dans les médias semblaient autoriser une telle licence.

Je te dois un aveu : tu m'as tour à tour séduit, fasciné, intrigué, inquiété, sidéré. Et puis, tes premières gaffes et ton tweet de soutien à l'adversaire de Ségolène Royal, durant les législatives, nous ont très vite fait basculer dans une histoire pleine de bruit et de fureur.

Tu sortais brusquement du cadre. Ta jalousie, exposée aux yeux de tous, devenait tragi-comique et plaçait fatalement le président de la République dans une transparence cruelle. Comment et pourquoi François Hollande n'a-t-il pas aussitôt réagi ? « Parce qu'il a perdu la télécommande », a persiflé un cacique socialiste.

D'un coup, tu passais du statut de l'espérance à celui de mauvais rêve. Tu effaçais l'image travaillée d'une aimable Cendrillon républicaine, fille d'une famille modeste d'Angers ; tu gommais la femme fatale façon Lauren Bacall, que les Français appréciaient, pour ne laisser paraître qu'une compagne sûre d'elle et dominatrice.

L'histoire devenait remarquable. Ce n'était plus simplement ton histoire, celle de Valérie et François, mais celle des sommets de l'État en proie aux convulsions des « passions tristes » qui habitent l'humanité.

Cent jours ont passé, et déjà la déception et l'incompréhension l'emportent. Les favorites de jadis s'illustraient ainsi pour le pire.

Tu l'accompagnes, tu veilles à tout. Tu pénètres avec lui dans le bureau de vote. Tu fais un pas de côté pour ne pas te retrouver plein cadre dans l'objectif de la caméra, mais tu prends trop naturellement la lumière, ton manteau de lin blanc accroche la moindre particule. Tu resplendis, sévère, encore inquiète.

Ce matin-là, rien n'est encore fait. Tu suis François Hollande dans sa tournée méthodique des bureaux de vote. Tu le vois serrer des mains, embrasser chaque joue qui s'offre, sourire, revenir serrer une main oubliée, encore sourire. À vos basques, photographes et cameramen se bousculent, s'agglomèrent, s'accrochent.

Cela commence au bureau de vote numéro 9. Ton compagnon va voter. Une fraction de seconde, on ne voit que toi, puis tu t'effaces.

Tu possèdes à la perfection cet art de faire un pas de côté, de glisser, puis de revenir. Cela doit s'apprendre toute petite dans les cours de danse. Hollande et son service de sécurité envahissent les lieux. Tu restes en retrait, attentive.

Au même moment, tu votes par procuration à Paris. Tu pianotes sur ton smartphone et ton compte Twitter affiche :

« Merci à mon amie Karine d'avoir voté en mon nom pour ce deuxième tour de l'élection présidentielle si particulière pour moi. »

Déjà, tu repars sous la pluie. Vous avez confiance : les sondages sont bons. Ils ont toujours été bons. « C'est plié », comme ils disent. Mais un reste de prudence, un fond de superstition te retiennent. Il faut attendre, et ce 6 mai n'est qu'une longue attente qui met les nerfs à vif. On te demande de signer des autographes. Tu signes simplement « Valérie ».

Tu songes tout de même à l'organisation de la soirée qui aura lieu place de la Cathédrale. C'est ta force : l'organisation, la préparation, le sens et le souci du détail. Tu demandes qu'un petit orchestre se tienne prêt à jouer *La Vie en rose.* Les paroles d'Édith Piaf, tu les as en tête, tu les fredonnes par avance :

> « *Des yeux qui font baisser les miens*
> *Un rire qui se perd sur sa bouche*
> *Voilà le portrait sans retouches*
> *De l'homme auquel j'appartiens* »

Tes désirs sont des ordres. Dans la coulisse, on s'active. Personne ne songe une seule seconde à se dérober à ta demande.

Vers treize heures, vous parvenez à déjeuner. Tu aurais voulu être seule avec lui. Vous vous retrouvez au Central en petit comité, une quinzaine… Terrine de canard et asperges, filet de bœuf et fraisier pour tout le monde. C'est Vivi qui sert. À table, une majorité d'élus corréziens. On ne sait qui a réglé l'addition.

Tu t'enfermes avec François Hollande dans son bureau. Tu as fait le vide. Tu es parvenue à « scotcher » tous les éléphants et éléphanteaux du PS à Paris. L'équipe de campagne a été consignée avenue de Ségur. Tout le monde a été prié de rester dans la capitale. Tu es arrivée à tes fins.

Ce 6 mai, c'est la journée de François. C'est aussi ta journée. Tu es retranchée avec lui dans le bâtiment du Conseil général, un bunker aux allures de miroiterie géante. Alors que commence à parvenir les premières estimations des instituts de sondage, votre confiance tourne à l'assurance. Un air de victoire se propage. Seul Aquilino Morelle, plume du candidat, est admis dans votre intimité. Il rédige une première version du discours que François Hollande doit prononcer à Tulle, devant la cathédrale où un chapiteau est déjà dressé.

Vous le relisez ensemble.

Les évaluations se précisent, les indices s'affinent. Maintenant les jeux sont faits. C'est le moment où tout bascule. Ce n'était qu'un rêve, cela devient un moment historique. Tu t'es retirée avec lui. Vous êtes seuls. « Nous voulions vivre ce moment ensemble, il nous appartenait, confieras-tu au magazine *Elle.* J'ai ressenti un grand bonheur, le bonheur de la victoire, mais, surtout, un soulagement. » Et puis les messages, les textos, les coups de fil reprennent.

François est élu. Une joie intense doublée d'un calme terrifiant s'emparent de vous.

Pour les caméras, les photographes, vous allez revivre cette scène, clap deuxième, avec tous les amis, les proches, les conseillers généraux de Corrèze, devant la télé. Tu t'assois, Valérie, sur l'accoudoir du fauteuil de François. Autour de toi les visages sont hilares, heureux. Exclamations et pleurs. L'arc de cercle que vous formez sur la moquette se fige brusquement dans le bureau pour regarder les résultats en direct à 20 heures. Car, aujourd'hui, le petit écran fait fonction de *Journal officiel* de la République. C'est lui qui confirme ce que vous savez déjà tous : François Hollande l'emporte sur Nicolas Sarkozy.

Tu médites un nouveau message personnel comme tu les aimes et pianotes sur ton clavier :

« Tout simplement fière d'accompagner le nouveau président de la République et toujours aussi heureuse de partager la vie de François. »

Un très bon tweet, réfléchi, avec ce clin d'œil public/privé. Mine de rien, tu nous confies un secret : il n'y aura pas de mariage. Vous entrerez à l'Élysée sans lien civil aucun, même pas un Pacs. Le protocole se débrouillera !

Tu le confies d'ailleurs innocemment à tes amies, à tes confidentes : tu entends rester

« indépendante ». Tu t'imagines que rien ne va vraiment changer.

L'Élysée essaie désespérément de joindre François Hollande sur son portable. Le nouveau président élu est injoignable, sa ligne est saturée. Alors Franck Louvrier, le conseiller en communication du président sortant, t'adresse un message SMS : « Le président cherche à joindre François Hollande. » Il est 20 h 13. Celui-ci tient à féliciter personnellement son adversaire. Tu demandes sèchement à tous ceux qui entourent ton compagnon de quitter la pièce pour établir la liaison entre les deux chefs d'État, le nouveau et l'ancien. La liaison établie, tu lui passes ton portable : « C'est Sarkozy ! »

Quelques minutes plus tard, sur France 2, on baigne dans une séquence soigneusement scénarisée : Thomas Hollande appelle son père. Quatre lettres se détachent sur son portable, quatre lettres qui crèvent l'écran : « PAPA ». Ce papa-là, c'est le nouveau président élu, et tu assistes avec nous à cette bluette familiale. Thomas qui dit « Félicitations » à son père, qui lui demande comment il se sent. Et tu entends les réponses. Ségolène Royal, sur le plateau de France 2, regarde son fils heureux qui parle à son père, ton compagnon, dont il a géré la campagne sur les réseaux sociaux et que tu regardes, toi aussi, parler à son père…

La téléréalité, c'est vous. Personne ne perçoit à quel point tu bous intérieurement. Tu n'en restes pas moins imperturbable. Tu portes ton masque des grands jours.

Tu confies autour de toi que votre couple a maintenant besoin de repos : « Il faut qu'on fasse un break, au moins trente-six heures. » Tu rêves encore.

Tu quittes avec lui le Conseil général pour aller à la rencontre du peuple. Votre convoi descend vers la place de la Cathédrale. François monte seul, parle très bien au début, puis ne sait plus finir… L'ébriété de la victoire, sans doute. Qu'importe ! L'image qui restera, c'est ton image avec lui. Il te fait monter sur scène à ses côtés. Il t'offre un bouquet de roses surgi comme par hasard. Le petit orchestre est prêt, celui que tu as commandé le matin même. Deux accordéonistes, dont le président du Conseil général, et une clarinettiste jouent *La Vie en rose*.

Tu esquisses sobrement avec François quelques pas de danse. Tu sens l'objectif des caméras sur vous. C'est un moment rare, un moment de grâce que tu contrôles parfaitement.

Il est temps de filer sur Paris. Un Falcon privé attend sur la piste de l'aéroport de Brive. Vous foncez à bord d'une Renault Scénic beige de location, six motards de la République vous encadrent, et soudain tu te retournes et découvres par la lunette arrière un essaim de motos de presse. C'est la gloire, Valérie. Un quart d'heure de célébrité qui devrait durer... À cet instant-là, je te plains.

Nuit du 6 au 7 mai, place de la Bastille

La fête continue. Tous les éléphants du PS se congratulent et saluent la foule rassemblée. Tu es là, encore à ses côtés. Tu ne sens pas la fatigue et tu le regardes, heureux, embrassant à qui mieux mieux. Soudain, tu l'aperçois, dans un élan, qui se dirige vers Ségolène Royal. Stupéfaite, tu les regardes se congratuler, s'embrasser avec chaleur, un sourire épanoui aux lèvres. Ton cœur se pince et ce que tu retiens plus que tout, c'est leur regard et leur façon de se tenir par les avant-bras. Quand François te rejoint sur la scène, tu l'attires vers toi en exigeant : « Et maintenant, embrasse-moi sur la bouche. » Le président élu s'exécute. Tu reçois un *french kiss* timide, en coin, que tu accompagnes d'un bras levé devant le monde entier parce que tu veux qu'il soit clair que c'est toi et lui. Pas lui et elle.

Pourquoi ne parviens-tu pas à être apaisée ? Pourquoi cette douleur, cette angoisse qui n'est jamais loin, tapie, là, juste derrière ?

7 mai. Paris,
boulevard Auguste-Blanqui (XIII\u1d49 arr.)

Le petit matin se lève sur le siège du *Monde*. Le quotidien a beaucoup œuvré pour faire rouler à terre la statue de Sarkozy qui lui rendait la monnaie de sa pièce en le désignant comme le « bréviaire de la gauche ». La nuit a été longue. Une à une, les pages du journal ont été écrites, composées, maquettées. Il faut maintenant boucler le journal qui sera dans les kiosques dans quelques heures.

Le service photo et la rédaction en chef cherchent la photo la plus marquante, la plus symbolique du 6 mai. Celle-là ? Trop loin ! Ce cliché : trop flou, trop mou... Une main fouille dans le tas d'images sélectionnées, écarte celle où l'on aperçoit, perdu au milieu de la scène, un petit bonhomme de Sempé levant ses bras courts. Pas question... Quand on croit avoir trouvé le bon cliché, cela repart en discussions, en chipotages. Et puis une photo surgit de la liasse, et s'impose. Ce n'est plus le président, c'est le nouveau président et sa compagne. Il a suffi d'un regard. La rédaction en chef soupire : sauvée !

Seul, Hollande ne tenait pas le coup : trop normal. Avec Valérie, il se pare d'une touche de glamour. Le couple devient branché, glorieux. Il semble avancer en écartant une forêt de drapeaux tricolores. D'un geste du bras gauche, Hollande pointe l'horizon, le regard à l'unisson. Sa compagne, regard pieusement baissé vers le sol, l'enlace. Un bouquet de roses fait tableau. Ce n'est pas un Greuze. Ce n'est pas non plus *La Liberté guidant le peuple* de Delacroix. C'est Valérie et François à la veille de prendre de face le vent de l'Histoire !

De cette photo trop belle, *Le Monde* va faire le portrait quasi officiel du nouveau quinquennat. Et cette photo, Valérie, c'est la tienne. Elle occupe presque toute la une avec ce titre improbable : *Merci, peuple de France !* Mais qui remercie qui ?

Chère Valérie, tu peux te pincer : par cette une *Le Monde* organise ton sacre laïc. D'instinct, tu as compris que les Français rêvent certes d'égalité, mais peuvent accepter fugitivement une reine. Tu les as bluffés, hier, dans ton manteau de lin blanc rehaussé de garnitures de cuir blond. Tu les as séduits en te changeant dans la soirée. Ton ensemble tailleur-pantalon noir était impeccable. Tu avais pris soin d'être dans les mêmes tons que François : bleu marine et blanc. Souriants et modestes, vous étiez parfaits.

Tu nous as expliqué que tu te contentais jusque-là de petites robes signées Georges Rech ou Apostrophe. Du prêt-à-porter haut de gamme. Toujours modeste ! Surtout modeste ! Mais on avait bien deviné que tu ne t'habillais plus depuis longtemps chez Tati ou Zara. Tu ne sais pas encore ce que c'est que la haute couture, diras-tu dans un entretien au *Times*, le quotidien de Londres. Pieux mensonge : quand il le fallait, tu as emprunté des robes de grands couturiers pour honorer les invitations aux dîners d'État donnés à l'Élysée. Chanel ? Chanel !

Si tu n'es pas la grande journaliste que tu t'imagines avoir été, il reste que tu as suivi la politique pour *Paris Match*, que tu es devenue une starlette du câble sur Direct 8, la chaîne du méchant Bolloré, le copain de Sarko, l'homme qui prête son yacht à tout le monde pourvu qu'il soit ministre ou chef d'État.

Cela fait déjà longtemps que ta garde-robe est devenue un accessoire professionnel. Sois lucide : tu n'es plus la Cendrillon que tu voudrais rester, et tu commets-là les premiers faux pas d'une bécasse.

8 mai, rue Cauchy, Paris (XVᵉ arr.)

Tu commences à craquer.

Tu commences à trouver les journalistes « relous ».

Tu te sens piégée dans ton cent mètres carrés, non loin du parc André-Citroën. Au pied de l'immeuble, c'est le barnum médiatique. Les caméras attendent le rien, le presque rien. Tu tweettes avec une rage rentrée un petit message à l'adresse de tes sœurs et frères d'armes :

« Merci à mes consœurs, confrères de respecter notre vie et nos voisins. Merci de ne pas camper devant notre domicile. Merci de le comprendre. »

Tu m'attristes. Demander de la compréhension à des journalistes ! Mais quelle journaliste es-tu ? Tu réagis comme si tu ne comprenais rien, toi, au métier que tu as exercé durant deux décennies. Un métier dont la base est pourtant simple : savoir mettre le pied dans l'entrebâillement de la porte.

Plus tu exprimes le désir de paraître normale, plus sa réalisation se dérobe. Telle est la difficulté du moment : le protocole commence sournoisement à grignoter ta liberté. Tu affiches ta volonté d'indépendance, la V\ :sup:`e` République te laisse dire, sûre de son bon droit. Une belle cage t'attend, bel oiseau, que tu fais mine d'ignorer.

As-tu remarqué que tu ne te donnes plus la peine d'ouvrir la portière de la berline dans laquelle tu montes ? Tu n'as plus de mains, sauf pour porter ton sac. Les portes s'ouvrent devant toi. Les attroupements sont contenus, fliqués, domestiqués, grillagés. Tu es encadrée par des officiers de sécurité. Tu souris, majestueuse, derrière tes lunettes fumées.

Tu rêves encore, normale et modeste, selon les mots qui tournent en boucle, déjà vides de sens. Tu ré-enchantes ta vie dans une double page du *Point*. Dans cette semaine de transition qui s'ouvre – François Hollande est élu, mais encore en réserve ; Sarkozy est battu, mais toujours à la manœuvre –, tu nous racontes ton parcours à travers cinq photos que tu as soigneusement sélectionnées.

Les amateurs de la presse *people* apprécient ; ceux qui te connaissent ne te reconnaissent pas. C'est que tu as énergiquement manié la gouache. Tu as su ressusciter les techniques les plus éprouvées de la censure mentale. De ta vie tout entière (« Ma vie en cinq photos ») tu retiens seulement cinq épisodes. Tu n'évoques ni tes parents, ni ta famille, ni tes deux premiers maris, ni tes enfants ! Pour toi, tout commence en 1988. Tu nous proposes une vie maquillée en rose.

Première photo : tu la joues jeune fille bravache, jupe courte, jambes croisées, cuisse avenante. Nous sommes déjà dans les ors de la République. Tu es journaliste, à tes débuts. Tu campes avec assurance et une petite moue dans le bureau du Premier ministre de l'époque : Pierre Bérégovoy. On ne voit que toi entre le manteau de la cheminée en marbre et l'écran de la télévision d'époque.

Deuxième photo : la mort de Pierre Bérégovoy. Tu nous confies ton désarroi, ton choc. Tu avais interviewé le Premier ministre, puis son épouse. « J'étais un peu rentrée dans leur vie », dis-tu drôlement. C'est une mauvaise habitude...

Troisième photo : LA rencontre. Tu as revêtu ton manteau de cuir, François est normalement en complet. Vous êtes assis sur une banquette de velours rouge dans la salle des Quatre-Colonnes de l'Assemblée nationale. Nous sommes en 2005. Vous êtes très complices, vous riez beaucoup, parlez politique. Tu rayonnes, et Ségolène ne se doute encore de rien

Quatrième photo : la défaite de Jospin en 2002. Ce soir-là, tu te trouves au QG du candidat du Parti socialiste qui a malencontreusement oublié, au début de sa campagne électorale, qu'il était socialiste, et tu pleures. Ce n'est pas très professionnel, pour une journaliste politique de *Paris Match,* de pleurer, mais passons...

Cinquième et dernière photo : tu triomphes au bras de François, très gaillard, très conquérant. Nous sommes le 6 mai 2012. « Comment aurais-je pu imaginer me retrouver dans cette situation avec l'homme que j'aime ? demandes-tu. Non ! Alors, laissez-moi me rendre compte ! » Oui, nous te laisserons un peu de temps, mais te rends-tu compte à ton tour de l'énormité de tes propos ? Est-ce bien à nous de t'expliquer que François Hollande s'est présenté devant les électeurs ? Qu'il a franchi une à une les étapes pour devenir président de la République ? Le sais-tu, Valérie ? L'as-tu bien compris ? Nous prions pour toi.

Mais, plus sérieusement, ne l'as-tu pas poussé ? N'avais-tu pas envie, toi aussi, d'être élue, l'Élue ? N'as-tu pas succombé à ce poison de l'ambition ? Ce sucre lent et amer qui ronge les petites filles rêvant de princes charmants, de belles robes et de beaux carrosses ?

Trop tard. Ce 6 mai, le piège s'est refermé et tu sembles naïvement découvrir que la belle vie est passée, cette vie de passion, de meetings, de grands shows, de promesses. Tu réalises. Tu te pinces. Tu ne rigoles plus. Tu t'affoles un peu, même. Tu sors des phrases définitives qui vont plaire à la France bobo, féministe : « Je tiens à mon indépendance. J'ai besoin de gagner ma vie. J'élève mes enfants. »

Au fait, comment t'y es-tu prise, ces derniers mois ? Tout le temps avec François. Tout le temps sur les routes, dans les avions. Qui s'occupait donc de tes enfants ?

Ton raisonnement est sidérant : il faut, dis-tu, que tu continues à travailler parce que ne pas le faire te conduirait à vivre aux crochets de François et donc de l'État ! Rassure-toi, nous avons déjà pourvu aux frais de l'éducation de Mazarine. Nous pourvoirons aux tiens. Tu as trop baigné dans les eaux politico-médiatiques pour jouer la surprise, l'effroi. Tu brasses vite et bien, pourquoi jouer la candide ?

Nous préférons quand tu joues cartes sur table. Quand tu casses les gens. Rappelle-toi Julien Dray, le terrible Julien Dray. Cela te revient ? Quand il s'est présenté avenue de Ségur, au QG de campagne de François, pour participer au pot de l'équipe, le 8 mai, et que tu l'as viré comme un malpropre.

Tu assumes, dans *Le Point* : « C'est le seul au Parti socialiste à qui je ne serre pas la main. Je ne reste pas dans la même pièce que lui. Je le fuis. »

Douce Valérie, image de la concorde, de la légèreté française, née à Angers, terre de lumière tamisée… Rappelle-toi ce que tu lui as dit : « Tu n'as rien à faire ici. Va-t'en ! » Ta jolie bouche s'est contractée. Ton beau front s'est plissé sous l'effet de la colère. Brutalement, tu avais devant toi l'image du passé, ce copain des bons et mauvais jours, celui qui enchantait les soirées de François et Ségolène. Il t'était insupportable de voir en ces lieux ce témoin des jours anciens qui avait osé fêter son anniversaire dans un bar de la rue Saint-Denis en y conviant le ban et l'arrière-ban socialiste, et surtout Anne Sinclair avec son DSK de mari. Le bar affichait comme enseigne « J'ose ». Il fallait oser.

Julien Dray ! Le Jeune-Turc jadis repéré par François Mitterrand. L'ancien trotskiste surdoué de la politique, passé au socialisme. Le cofondateur de SOS-Racisme, l'inventeur du célèbre « Touche pas à mon pote », l'ex-futur ministre de l'Intérieur du PS, le camarade adoré de Ségolène et de François, l'homme qui a refusé de jouer le ministre d'ouverture de Sarko, tu l'as pris à la gorge et tu l'as incendié ! À peine a-t-il eu le temps de serrer deux ou trois mains. « Comment oses-tu venir ici après tout le barouf de ton anniversaire avec DSK ! »

Douce Valérie. Pourquoi tant d'acrimonie ? Poursuivras-tu avec autant de sévérité tous les anciens compagnons de Ségolène Royal restés dans l'entourage de François ?

Tu répéteras cent fois :

« Moi, première dame de France, je ne m'exprimerai pas sur un ton courroucé !

Moi, première dame de France, je ne perdrai pas mes nerfs !

Moi, première dame de France, je ne taclerai pas les meilleurs amis de mon compagnon.

Moi, première dame de France, je témoignerai de la sympathie et du respect aux élus de la République.

Moi, première dame de France, ... »

Tu devras apprendre le sang-froid, la sérénité, Valérie. Il te reste tant de choses à apprendre...

9 mai

Tu ne veux pas être une « potiche ». C'est ton mot, emprunté à Danielle Mitterrand. Chaque jour qui se lève, tu sembles redécouvrir le corset que la République te tend avec insistance, et tu cherches à l'écarter. Dans un étrange combat qui ne dit pas son nom, tu te retrouves seule face à un ennemi sans visage, un mixte composé du protocole, des attentes, des usages...

Première dame ? L'expression te paraît incongrue. Ces mots t'expédient dans un monde ancien, poussiéreux. Tu ne veux pas te ringardiser, te plier à un protocole désuet, et tu commences à comprendre que les institutions l'exigent sournoisement. Tu retournes le pro-blème et tu te sens aussi coincée qu'une abeille prisonnière dans une bouteille de soda. Tu cherches maladroitement l'issue, la parade. Tu expliques à voix haute : « Ce statut de première dame n'a pas de rétribution. Si je ne gagne pas ma vie, mes enfants vivront aux frais de l'État. » L'argument tombe à plat.

Tu aimerais dépoussiérer cette fonction non inscrite dans les textes et pourtant si pesante. Tu te refuses à ressembler à Bernadette Chirac ou à Carla Bruni qui ont pourtant largement innové. Tu n'évoques même pas Yvonne de Gaulle, Claude Pompidou ou Anne-Aymone Giscard d'Estaing.

« Ce rôle me met un peu mal à l'aise, mais je composerai très bien avec s'il ne se limite pas qu'à ça », corriges-tu. « Je veux représenter la France, faire le sourire de rigueur, être bien habillée, mais ça ne devrait pas s'arrêter là. Je ne serai pas une potiche. »

Tu rougis de fierté quand les journalistes te comparent à Michelle Obama.

10 mai, Paris (XVe arr.)

Tu ne l'as pas vu venir. Un véritable emballement médiatique prend corps. À quoi cela tient-il ? À toi ? Aux médias qui cherchent à booster l'image du président élu ? À ta chargée de communication, Nathalie Mercier, une ancienne d'Euro RSCG, spécialiste de l'image des VIP ? Ne démens pas, ne nie pas : ta photo est partout. Tu parles au *Monde*, à *Elle*. Tu accordes un entretien à Anne Fulda, du *Figaro*. Tu n'arrêtes plus de parler.

Le Figaro te rend quasiment hommage. Tu partages avec François toute la une. Une moitié nous informe sur la politique budgétaire : *Merkel ne veut rien céder à Hollande* ; l'autre moitié affiche un cliché où ton côté Lauren Bacall ressort, magnifié. Tu arbores un chemisier blanc échancré, tu regardes l'objectif droit dans les yeux. Le titre se détache sur ta veste bleue : *Valérie Trierweiler, son rôle auprès du président.*

L'article occupe toute la dernière page. Tu refais le film : « C'était un immense moment, un peu vertigineux, je retenais mes larmes. L'élection, la découverte de la foule… Je n'étais pas préparée à monter sur la scène, je ne savais pas que François m'y inviterait. »

Les lecteurs du *Figaro* essuient certainement une larme… Tout est à l'avenant. Du sucre glace. C'est maintenant une certitude : tu ne pourras tenir éternellement ce discours niaiseux. Ne pas être une potiche se mérite.

Tu commences à prendre la mesure de l'équation difficile dans laquelle tu te débats : aussi difficile, à sa manière, que celle à laquelle François Hollande est confronté, qui a promis la croissance en période d'austérité forcée.

Tu confies au *Monde* : « Première dame, c'est un second rôle et je dois veiller à ce que ça le reste. Ma parole ne doit pas se substituer à celle du président, elle ne doit pas gêner la parole du président. »

Tiens donc ! Cela ressemble à une prise de conscience. Tu ajoutes, telle une Pythie : « Je vais faire très attention sur les tweets, la portée de mes propos a changé. » CQFD.

11 mai

Tu n'es plus seule ! Des femmes viennent à ton secours. Tu as désormais un « entourage », comme les grands. Il ne parle pas encore à ta place. Patience, cela viendra ! Des amies, des « consœurs », comme tu dis, assurent publiquement le service après-vente en éclairant, adoucissant ou corrigeant les propos que tu tiens. Dans *Le Figaro*, Brigitte Taittinger, femme de Jean-Pierre Jouyet, l'un des meilleurs amis de ton compagnon, déclare : « Valérie n'est pas du tout à la recherche des sunlights, c'est quelqu'un d'authentique, qui n'aime pas l'hypocrisie. » Constance Vergara, journaliste qui a partagé un temps ton bureau à *Paris Match*, assure : « Elle n'a jamais dépendu financièrement de personne, ses trois fils sont encore adolescents et elle estime que ça n'est pas à l'État de subvenir à ses besoins. » Véronique Saint-Olive, de France 2, passe sur les radios et les télés pour te décrire comme une fille sympathique.

À force, on commence à se poser la question : pourquoi les rédactions ne poussent-elles vers toi que des femmes, des consœurs que tu connais de longue date ? Tu devrais réclamer un traitement équitable, refuser ce journalisme de complaisance.

12 mai, Paris (XVe arr.)

Ton rôle, ton périmètre de vie, tout flotte, tout bouge, tout est déstabilisé. Tu as affirmé dès le premier jour que tu continuerais à habiter ton appartement du XVe arrondissement. Tu y tiens. François aussi. Et, déjà, cela tangue. Les médias sont toujours massés en bas de chez toi. La pression n'a pas diminué. Le staff de la sécurité fait poliment remarquer qu'il est difficile d'imposer à autant de voisins des contrôles continus. L'idée d'un déménagement dans un appartement plus isolé commence à faire son chemin. Voire d'un repli sur l'Élysée. Mais tu restes déterminée. Tu t'accroches à ton programme : « Être et rester une Française comme les autres. Une mère, une compagne, une femme qui s'accomplit autant qu'elle assure son autonomie par son travail. » Et si tu étais jugée sur cette promesse dans un mois, un an, un quinquennat ?

Ce samedi, tu te retrouves seule pour réfléchir à ce paquet de questions que tu avais soigneusement mis de côté pendant toute la campagne. Comme François est parti à son QG de campagne, avenue de Ségur, pour réfléchir à l'équation personnelle de son futur Premier ministre, pic et pic et colegram, tu fais des machines. Tu enfournes mécaniquement le linge sale par le hublot. Est-ce bien cela, la vie en rose ?

13 mai

Tu déclares au *Monde* : « J'ai du mal à dire que je deviens première dame. Mais ça va aller très vite. Ça va être une semaine où je ne vais pas avoir le choix. »

Voilà qui sent comme le début d'une résignation. On apprend au passage que Manuel Valls t'appelle carrément, lui, la « *First Lady* ». Tu préfères ?

14 mai

Tu as bien nettoyé le terrain. Demain, jour du grand jour, jour de l'investiture, tu seras quasiment seule sur la photo. Les quatre enfants Hollande resteront à la maison, tes trois enfants aussi. Et Ségolène Royal regardera la télévision si ça lui chante... Oui, tu seras la toute proche, la compagne, l'aimée la seule adulée : Valérie. Tu as fait ta tigresse, et ça a payé. Le terrain était, à dire vrai, bien déminé. Un seul mot d'ordre : faire de l'antibling-bling. François ne veut pas d'une exposition de sa famille au complet comme celle osée par Cécilia et Nicolas Sarkozy en 2007.

Il n'y aura pas de tapis rouge pour la famille recomposée Hollande-Royal-Trierweiler. Les projecteurs seront braqués sur Lui, sur Toi. Vous avez rendez-vous dans la soirée. On répète comme avant une générale de théâtre.

Tu te rappelles soudain la prise de fonction de Dominique de Villepin à l'Hôtel de Matignon. Tu assistais à la cérémonie, dans la cour d'honneur, quand tu avais levé la tête et surpris

Marie-Laure de Villepin derrière le voilage d'une fenêtre, au premier étage. Tu avais noté la tristesse de son visage et tu avais songé : « Je n'aimerais pas être à sa place, obligée d'être là, écartée de ce qui est en train de se passer. » Mais, demain, ce sera différent. La femme du Premier ministre est « femme de... ». La femme du président, elle, est la « première dame ».

Libération te consacre une pleine page. Curieusement, ils ont préféré une caricature à une photo. Tu as l'air pincée, sur tes ergots, genre oiseau de proie. Pour le reste, le papier est bon. La problématique est la même que les jours précédents. Tu te confies, tu n'arrêtes pas de te confier : que faire ? comment continuer à travailler ? Acide, le goût du réel commence à tout envahir : « Il sera difficile d'interviewer des gens en présence d'officiers de sécurité, j'en conviens », dis-tu. À défaut d'articles, tu pourrais écrire des livres : « J'aime tellement lire... Je ne serai jamais à la hauteur de ce que j'aime. Mais, à partir de mardi, je peux peut-être écrire sur mon expérience de journaliste à l'Élysée, comme Eleanor Roosevelt qui tenait ses carnets à la Maison Blanche. »

II

15 mai, investiture du nouveau président

Tôt le matin, on entend à la radio un chœur d'experts, de politologues, de juristes. Tous s'émerveillent de ta volonté de rester une femme libre, normale. Tu as, pour l'instant, une chance énorme : personne ne relève à quel point ta nouvelle fonction est inconciliable avec le métier de journaliste. Personne n'évoque – pudeur, timidité, révérence... – le conflit d'intérêts évident entre pouvoir et contre-pouvoir ! Toi et François profitez encore d'une sorte d'apesanteur. Il n'est pas encore président. Tu n'es pas encore première dame.

Mais tout change imperceptiblement. Dans quelques heures, tu seras en lice. Le moment fatal arrive. On y est. Le décor est celui de l'Élysée. Tu avances, déjà souveraine. Il est 9 h 55. Tu glisses sur le long tapis rouge dans la cour d'honneur. Tu es suivie à quelques mètres par le Premier ministre sortant, François Fillon. Dans le bureau présidentiel, le président Sarkozy discute déjà avec le président Hollande. À l'abri des murs et des curieux, tu rejoins Carla Bruni. Trois quarts d'heure plus tard, vous les raccompagnez sur le perron et là, bravo, tu fais la bise à la précédente maîtresse de maison. Nous n'avons pas le son, et c'est parfait. Carla l'a démontré pendant trois ans, le son est inutile pour la première dame. Ce qui compte, c'est le geste, l'élégance, l'image, la démonstration de bienveillance et de générosité. *Memento !*

Pourras-tu t'en souvenir ?

Arrive la cérémonie d'investiture. La gravité se lit sur les visages. Tu te tiens non loin de lui, de côté, derrière la table sur laquelle trône le grand collier de la Légion d'honneur. Après les discours d'usage, on te voit suivre le président et, comme lui, serrer les mains des représentants des corps constitués. Tu sembles parfaitement à l'aise, ne douter de rien, telle une vice-présidente élue, investie par la nation.

Dans la grande salle des fêtes, légèrement à l'écart, tu acceptes de dire quelques mots à France 2 : « C'est très émouvant pour moi. » Tu nous expliques que tu vas passer toute la journée avec lui. Ou presque. Tu égrènes le programme des festivités : François doit remonter seul les Champs-Élysées. Vous devez vous retrouver à l'Arc de triomphe. Vous repartirez ensemble, dans la même voiture, tel un couple princier...

Ce sera une descente sous des trombes d'eau, en quasi-aquaplaning. Les dieux seraient-ils irrités ou pris de boisson ? Le nouveau président ignore splendidement l'augure. Il snobe l'intempérie, semble insubmersible, inoxydable. Debout, comme dans un Command Car, il salue la foule, souriant. Assise à côté de lui, tu regardes la foule l'acclamer.

L'après-midi, vous êtes accueillis par Bertrand Delanoë à l'Hôtel de Ville. Le président recommence à serrer les mains des notables socialistes avec une sorte de boulimie. Durant son discours, tu trônes sur l'estrade d'honneur, confortablement assise, bien en vue.

Ce même après-midi, tu perdras pied à deux reprises. La première fois, te retrouvant face à Ségolène Royal, tu lui octroies froidement un « Bonjour, Madame », comme si tu ne l'avais jamais vue. Tu t'égares ensuite une quinzaine de secondes à passer devant le président et à serrer les mains avant lui. Le remarques-tu seulement ? Est-ce la présence de Ségolène qui t'irrite ? Les télés n'insistent pas : images furtives...

17 mai, palais de l'Élysée

Tu continues de cogiter sur ton rôle. Tu évoques de plus en plus la figure d'Eleanor Roosevelt, la femme du grand président des États-Unis, l'homme du New Deal qui tenta de faire face à la Grande Dépression. Eleanor t'intéresse aussi parce qu'elle a été journaliste... Tu puises en elle un espoir. Ce n'était pas une femme transparente. Tu lis sa biographie par Claude-Catherine Kiejman. Tu parles aussi de

Danielle Mitterrand, version première dame militante, à la gauche de la gauche et, bien sûr, de son mari.

18 mai, palais de l'Élysée

Tu t'organises. Tu emménages dans tes bureaux. Une journaliste à l'Élysée ! Tu bénéficiais déjà des conseils d'une attachée de presse, pardon, d'une « chargée de communication ». Tu te dotes à présent d'un chef de cabinet. Tu choisis un ancien confrère de RFI, Patrice Biancone. Tu diriges une équipe de cinq personnes que le président accepte de rémunérer sur le budget élyséen. Te voilà flanquée d'un chauffeur, de secrétaires, d'officiers de sécurité. Sans avoir l'air d'y prêter attention, tu te retrouves avec tout un personnel à ta disposition. Tu ne te demandes pas si cela ne fait pas beaucoup, voire trop, pour une personne sans statut reconnu dans les institutions de la République.

19 mai, Paris

Ta photo s'étale brutalement sur tous les dos de kiosques à journaux de Paris. C'est *L'Express* qui tire le premier. On lit en gros caractères sur toute sa une : *En fait-elle trop ?* Poser la question est déjà y répondre. Tu encaisses le choc. Tu pressens que ce n'est pas la dernière couverture d'hebdomadaire que tu feras. Tu goûtes à cette gloire paradoxale et à son amertume. « La gloire est le deuil éclatant du bonheur », a pu écrire Madame de Staël. Mais lit-on encore Madame de Staël de nos jours ?

21 mai, Chicago, Washington

Tu rayonnes. Tu décolles pour les États-Unis et le G8 avec ton compagnon à bord de l'avion présidentiel. Tu te fais une joie de rencontrer Barak Obama, mais tu ne verras ni Obama ni rien, d'ailleurs. Ce voyage va progressivement et logiquement se transformer pour toi en corvée : tu es parquée avec les « femmes de ». Le protocole américain a soigneusement verrouillé le programme des épouses. Visites d'établissements scolaires et d'hôpitaux pour tout le monde ! De quoi déprimer. Tu rêves d'interviewer les grands de ce monde et te voilà obligée de faire des risettes à des poupons dans des crèches. Tu avais imaginé plus grand, plus fort. Michelle Obama fait assaut de charme, avec professionnalisme, d'accord, mais cela ne compense pas de vraies rencontres, des entretiens politiques. Tout se passe à Camp David et tu es consignée avec les autres à Washington et Chicago. Tu te sens soudain réduite, ignorée, toi la journaliste. Tu ne le vis pas comme un affront, mais comme un sale coup. Tu sauves la face en tweettant un message de remerciement masquant ta déception :

« Merci à @MichelleObama pour son accueil chaleureux à la Maison Blanche et à Chicago, sa ville natale. Merci aussi pour ses précieux conseils. »

Sur ces conseils, justement, tu ne dis mot. Précieux, vraiment ? Les appliqueras-tu ? A-t-elle eu le temps de te parler de la discrétion, de la réserve, du devoir de réserve ?

24 mai

Tu commences à négocier avec la direction de *Paris Match* pour conserver ton job. Tu sais bien que ta présence constitue désormais une gêne pour la rédaction, mais tu persistes à vouloir concilier deux métiers inconciliables : journaliste et première dame. La déontologie journalistique ne semble pas l'une de tes matières de prédilection. Tu ne possèdes visiblement pas l'art de dresser des cloisons étanches entre ton métier, tes engagements politiques et tes amours.

Tu n'en as cure : tu sais très bien que la direction de *Paris Match* est coincée. Comment pourrait-elle refuser ce que tu demandes sans être accusée aussitôt d'agir par esprit de vengeance ? Réputée avoir été aux ordres de Nicolas Sarkozy, elle essuierait mille critiques. Alors tu pousses ton avantage et obtiens de rester dans les effectifs de la rédaction tout en acceptant de ne pas assister aux conférences de rédaction ni au bouclage. Une petite humiliation qui ne te pèse pas trop. Tu as gagné : tu conserves ton salaire en échange de deux ou trois critiques de livres par mois. Cela s'appelle une sinécure, et c'est toi qui l'as imposée.

25 mai, Paris (XVᵉ arr.)

D'où te vient cette superbe, ce mélange d'aisance et d'arrogance ? Quel est ton ressort secret, ton mystère ? Sans doute faut-il revenir à ta ville natale et à ton histoire familiale pour avoir un début d'explication. Le quotidien *Ouest-France* a publié quelques éléments assez éclairants sur ta généalogie. Ton arrière-grand-père, Léon Massonneau, a cofondé et dirigé la banque locale, J. Bordier fils Massonneau et Cie, à Angers. Ton grand-père paternel, Jacques Massonneau, avait pris la relève. Pour une raison restée dans l'ombre, ta famille a vendu l'établissement bancaire en 1950 au Crédit de l'Ouest, maintenant CIO.

Que reste-t-il de la fortune passée ? Te souviens-tu de l'hôtel particulier de la rue du Mail, autrefois propriété de ta famille, rasé en 1975 ? Comment as-tu vécu ton enfance avec tes cinq frères et sœurs dans le pavillon de la cité du Grand-Pigeon, quartier modeste, entre une mère au foyer, plus tard hôtesse à la patinoire municipale, et un père invalide, sans profession ? As-tu souffert de cette situation de déclassement et explique-t-elle ton envie de lumière ?

Tu bottes rapidement en touche. Tu livres à la presse une non-réponse : « Jusqu'à ce que *Ouest-France* parle de la banque Massonneau, j'avais toujours cru qu'il s'agissait d'une légende familiale ! » Mais nous ne sommes pas dans *Alice au pays des merveilles,* Valérie ! Tu as grandi et réfléchi depuis. Tu es journaliste à *Paris Match* ! Crois-tu que nous puissions partager ta version elliptique de l'Histoire ?

28 mai

Comme tu as demandé *urbi et orbi* des propositions pour changer l'expression habituelle de « première dame », tu en reçois... Parmi les idées qui arrivent jusqu'à toi, tu en retiens deux : « L'atout cœur de France » et « première journaliste de France »... *No comment.*

29 mai, palais de l'Élysée

C'est un moment de détente. Presque la « récré ». Ce matin, le grand photographe Raymond Depardon déballe son matériel avec son équipe dans les jardins de l'Élysée. Il s'apprête à faire la photographie officielle du quinquennat de François Hollande, celle qui ornera bientôt toutes les mairies. Depardon a choisi avec vous de prendre le contre-pied du portrait de Nicolas Sarkozy. C'est donc un retour à la photographie de plein air, sur la pelouse bien peignée qu'ont foulée jusqu'ici les invités de la *garden party* présidentielle, chaque 14 Juillet. Le pari consiste à obtenir un cliché où le président marche résolument mais de manière détendue. Du spontané sophistiqué, en somme.

Tu supervises à distance les préparatifs des assistants de Depardon. Un grand réflecteur est tendu latéralement. En vingt minutes et deux cent cinquante prises de vue, la séance est emballée. Comme souvent, c'est une petite série qui retient votre attention : une suite de douze photos prises avec un vieux Rolleiflex. Vous choisissez la dernière. François et toi, vous êtes rassurés. Mais plusieurs détails t'ont échappé. L'immense drapeau tricolore couvrant une partie de la façade d'un bâtiment latéral, sur la gauche de la photo, affiche les couleurs des Pays-Bas, non celles de la France... François Hollande, de surcroît, n'a pas l'air si à l'aise que cela, dans ce rôle de promeneur décidé, plein d'allant. Enfin, tu n'as pas remarqué que les assistants de Raymond Depardon ont eux-mêmes pris beaucoup de photos pour réaliser le *making of* de la séance. Nous y reviendrons...

Tu apprends dans la journée qu'une méchante rumeur agite le petit-Paris médiatique : la fameuse photo où l'on te voit embrasser François Hollande à la Bastille circule sur le net, grossièrement retouchée. Ton bras n'est plus seulement levé, comme en déséquilibre dans ce mouvement surjoué, on te montre désormais en train d'embrasser le président tout en faisant un doigt d'honneur explicite en direction de Ségolène Royal. Ton entourage a hésité à t'en parler. Tu optes pour un silence hautain.

30 mai, Paris

Ta réplique, tu entends la porter sur le terrain des idées. Si « l'Autre » est une « femme debout », tu es, toi, une femme d'engagement Tu nous adresses un nouveau message personnel :

« Rapport de l'Unicef : 10 % d'enfants pauvres en France. Une information qui mériterait l'indignation et la Une. Pas la banalisation. »

En cent quarante signes et deux phrases, tu joues la grande dame éclairée. Attention, Valérie : tu donnes-là gratuitement une petite leçon de journalisme à tes confrères qui t'irritent de plus en plus. Tu t'agaces et commences à mépriser ce qu'hier tu adorais. As-tu conscience de jouer à la Pompadour, roturière des Lumières... ? Éclairée et détestée.

4 juin, palais de l'Élysée

Ta journée commence bien. Dans la salle des fêtes, Raymond Depardon présente à la presse le portrait officiel du nouveau président de la République. Les télés, les agences, le tout-Médias est venu. Glissons sur le cérémonial empesé, légèrement godiche : sur une estrade, un chevalet est recouvert d'une étoffe. Une fois le portrait dévoilé, on découvre le cliché. « C'est un régal », commente Depardon. « C'est un cadeau », dit-il pour résumer le contact qu'il a eu avec François Hollande.

Mais tout se gâte quelques heures plus tard. Tu découvres sur le site Internet du *Monde* un diaporama illustrant la prise de la photographie officielle du quinquennat, et tu exploses littéralement en te voyant sur deux clichés. Ulcérée, tu ordonnes sur-le-champ que Raymond Depardon fasse retirer les deux photos sur lesquelles tu apparais en retrait, bien innocente observatrice de cette scène que tu as imaginée et convoquée.

L'agence Magnum s'exécute, embarrassée. Elle appelle la rédaction du monde.fr et demande que les deux clichés soient retirés. La rédaction refuse. Mais réalises-tu vraiment ce que tu viens de demander, Valérie ? La presse n'est-elle pas libre ? La compagne du président ne se doit-elle pas de refuser d'exercer toute pression, même indirecte, sur les médias ? Toi, la grande journaliste autoproclamée, comment peux-tu ne pas immédiatement présenter des excuses à cette rédaction et à cette agence ? As-tu déjà oublié les règles de notre profession ou bien ne les as-tu jamais sues ni appliquées ? Tu maudis cette profession et, encore une fois, tu sembles découvrir un métier que tu pratiques volontiers à l'amble, comme ces chevaux que l'on fait marcher somptueusement de côté...

Tu écriras cent fois sur ton compte Twitter :

« Moi, première dame de France, je me le tiens définitivement pour dit : je promets solennellement de ne plus faire pression sur les médias. »

5 juin, Paris (XVᵉ arr.)

Tu as gagné : vous resterez chez vous, rue Cauchy, dans le XVᵉ arrondissement. Tu as fini par convaincre François. Tant pis pour les grincheux des services officiels. Tant pis pour les habitants de l'immeuble qui en subiront les conséquences. Tes problèmes immobiliers s'aplanissent... D'autant que vous avez finalement aussi préempté la résidence de La Lanterne, à Versailles, pour vos week-ends. Pourquoi négliger les privilèges de la République : piscine, court de tennis, personnel aux petits soins ? Là encore, tant pis si la gauche morale s'était beaucoup moquée de Nicolas Sarkozy quand il avait demandé à François Fillon de lui en céder le bénéfice. Est-ce bien normal ?

6 juin, Paris (XVe arr.)

Tu reçois cet après-midi Cyril Graziani, un journaliste du service politique de France Inter, chez toi. C'est le premier entretien audiovisuel que tu accordes depuis ce fameux 6 mai. Demain, les auditeurs vont découvrir ta voix pour la première fois, cette voix chaude, d'une tessiture assez grave. Tu as accepté l'entretien sans trop réfléchir au message que tu allais délivrer. Tu te fies à ta connaissance des médias et au jeu des questions-réponses.

Donc, tu vas répéter une nouvelle fois que tu entends rester journaliste, rester financièrement indépendante, rester une mère de famille normale...

Le journaliste obtient tout de même une rapide évocation de ta vie de couple politique avec François Hollande, même si on subodore là beaucoup de retenue : « Je le vois le soir, comme dans presque tous les couples. Et nous nous racontons nos journées. Bien sûr, parfois, on se conseille. En tout cas, on s'écoute. »

Et puis on t'interroge sur ton interventionnisme, chapitre visiblement sensible, puisque tu ne laisses pas à ton interviewer le temps de finir sa question :

« C'est juste faux. C'est juste faux ! Je n'ai rien de plus à dire. C'est juste faux ! À aucun moment je n'ai été interventionniste. On est dans l'ordre du fantasme, comme très souvent. Dès qu'une femme a un peu de caractère – ouh là, là… ! mais qu'elle fait peur ! »

Ce sera tout. Ta voix est restée calme.

7 *juin,* Paris Match

Cette première chronique, tu en as toi-même organisé la publicité. Eleanor par-ci, Eleanor par-là… Depuis quelques jours, tu vis, tu respires, tu penses Roosevelt. Ta première chronique de première dame est donc consacrée à la biographie que Claude-Catherine Kiejman vient de publier sur cette *First Lady* exceptionnelle.

La chronique est un art difficile. Pour une première, tu franchis l'obstacle sans accroc. Disons que tu n'es en rien ridicule, loin de là. En l'occurrence, tu ne parles que de toi, et cela tombe bien puisqu'il n'y a que toi qui nous intéresses.

Tes premières lignes sont admirablement égocentriques. Tu prends merveilleusement la France à témoin du haut de ta tribune :

« Tiens donc ! Une First Lady *journaliste n'est pas une nouveauté. Évidemment, il faut regarder de l'autre côté de l'Atlantique pour trouver ce cas unique et ne pas hurler au scandale. Il faut aussi se transposer dans le passé pour comprendre que la modernité n'a pas attendu le siècle d'Internet. »*

En fait, chère Valérie, tu tentes toujours de résoudre cette délicate équation : comment cumuler les privilèges d'une femme moderne bénéficiant d'un côté des avantages du métier de journaliste (travail qui exige une parfaite indépendance) et, de l'autre, de l'influence politique attachée à la fonction de « première dame » ? Pour ne perdre aucun de ces cadeaux, tu n'hésites pas à exalter l'audace des États-Unis, terre de pionniers, d'ordinaire plutôt objet de sarcasmes à gauche. Tu vibres à l'évocation du parcours d'Eleanor Roosevelt comme si les époques concernées étaient superposables. Tu veux ignorer que presque toutes les rédactions, depuis plus d'une décennie, se sont dotées d'une charte déontologique. Autre temps, autre mœurs ! Du moins voudrait-on le croire, l'espérer…

Tu lis et tu écris comme si tu te regardais dans un miroir, et c'est dans cette posture que tu excelles :

« *Le livre de Claude-Catherine Kiejman est passionnant,* dis-tu. *L'auteur ne se contente pas de raconter une vie hors norme. Elle s'attache également à décrypter en quoi le rôle de cette* First Lady *peu ordinaire fut indispensable à son mari.* »

Voilà où tu veux en venir. Voilà le cœur de ton message à tous les endormis qui n'auraient pas encore compris : tu es indispensable, et il est temps que cela se sache.

Eleanor résume pour toi ce qu'il en est de vos tête-à-tête présidentiels :

« *Mon mari prend ses propres décisions, nous discutons beaucoup ensemble, et quelquefois je m'oppose à lui, mais il décide toujours tout seul.* »

Eleanor trace même, qui sait, les lignes de ton avenir politique :

« *Peu à peu Franklin Roosevelt la charge de le seconder à travers le pays : "Elle sera ses yeux et ses oreilles"...* »

Tu rappelles enfin que la *First Lady* devint chroniqueuse. Tiens, tiens...

« *Chaque jour, elle remet son texte intitulé* My Day *dans lequel elle raconte sa vie à la Maison Blanche. Elle ne s'interdit d'y aborder aucun sujet, ni social, ni politique, ni même international, surtout à la veille de la Seconde Guerre mondiale.* »

Tel serait donc ton programme ? Attendons.

8 juin

Ton entretien sur France Inter, diffusé hier, n'est pas passé inaperçu. Comme Ségolène Royal, comme Rachida Dati, tu électrises naturellement le débat sans même t'en rendre compte.

C'est Béatrice Vallaeys, directrice adjointe de *Libération*, qui te réplique dans les pages Rebonds du quotidien. Son titre est explicite : « Non, Valérie Trierweiler n'est pas "normale" ». Béatrice Vallaeys te fait observer que ta démarche nuit à l'ensemble de la profession des journalistes : volontairement ou non, selon elle, tu ne peux que nager en permanence dans le conflit d'intérêts. Elle te reproche aussi de ne pas comprendre qu'il n'existe pas de terrain neutre, que séparer journalisme politique et journalisme culturel relève de la fiction. Relis-là bien :

« Tiens donc, la culture n'est pas politique ? Un tel aveu, venant d'un gouvernement de gauche, a de quoi faire frémir. On est bien placé pour savoir, depuis Sarkozy et sa *Princesse de Clèves,* que la culture, dans un média, est un domaine éminemment sensible. Choisir de critiquer tel ou tel livre, film, spectacle populaire, élitiste, subversif ou convenu n'est jamais innocent. Ministre de la Culture de François Hollande, Aurélie Filippetti doit apprécier de compter un peu pour des prunes. »

Tu persistes et signes. Tu es prête à relever le gant, si nécessaire. À bon entendeur, tu déclares : « J'admets à 100 % que le journalisme politique n'est plus possible pour moi, mais, pour le reste, je ne vois pas de problème. Il faudra s'habituer à moi. »

9 juin, palais de l'Élysée

Tu lis avec satisfaction les derniers sondages relatifs aux élections législatives. Les instituts constatent tous la même tendance : la gauche est assurée de l'emporter, et le Parti socialiste a de grandes chances d'obtenir la majorité absolue avec ses alliés radicaux et chevènementistes. Tu savoures avec François ce grand chelem à venir. Et en solitaire les ennuis de Ségolène Royal, en difficulté à La Rochelle.

Son échec la priverait de sa dernière ambition affichée : le « perchoir » de l'Assemblée nationale. Ce te serait un grand soulagement de la voir balayée, évincée d'un poste hautement symbolique dans la République, que le protocole situe en quatrième position, juste derrière le chef de l'État, le Premier ministre et le président du Sénat. N'avoir pas à subir la présence de l'ancienne compagne du président à tous les dîners d'État et dans toutes les réceptions, sans compter sa photo dans la presse à côté de François, en permanence, t'apparaît comme une nécessité vitale. Mais qui le comprend ?

10 juin, Tulle

Tu es de retour à Tulle avec François et la soirée électorale se présente très bien. La logique des institutions de la Ve République vous offre une nouvelle victoire, à confirmer dimanche prochain. Ton compagnon, sauf erreur majeure, est à peu près sûr de disposer d'une majorité absolue à l'Assemblée.

Tu es à Tulle, dans cette ville où chacun te connaît, mais tu penses à La Rochelle. Ségolène Royal arrive en tête (32,03 % des suffrages exprimés) avec, juste derrière elle, le socialiste dissident Olivier Falorni (28,91 %) et le candidat UMP (19,47 %). Sur ce terrain-là, rien n'est vraiment joué, et cela gâche en bonne partie ta soirée.

11 juin, Paris (XVᵉ arr.)

Tu parcours les journaux, lis les commentaires. Tu as beau savoir que la situation de Ségolène Royal est fragile, tu restes sur tes gardes. Tu sais que cette femme est une guerrière, qu'elle ne renonce jamais. Comme toi. Tu connais son ambition puissante, démesurée. Comme la tienne. Tu demeures à l'affût.

III

Cette journée commence mal, très mal pour toi. Tu découvres dans la presse le message de soutien de François Hollande à Ségolène Royal dans son difficile combat à La Rochelle. Tu le redoutais, ce message, et tu n'arrives pas à y croire. Tu lis en toutes lettres :

« Ségolène Royal est l'unique candidate de la majorité présidentielle qui peut se prévaloir de mon soutien et de mon appui. »

C'est signé : « François Hollande, président de la République, lundi 11 juin 2012. »

Bien sûr, Ségolène Royal exploite au maximum cette botte secrète, désormais publique. Il ne peut plus être dit que son adversaire principal, le socialiste dissident Olivier Falorni, bénéficie de l'onction présidentielle ni de celle du Parti socialiste.

Tu sens une immense colère te gagner. Tu ressens comme la morsure d'un coup de dague. Un goût de trahison t'emplit la bouche. Tu appelles aussitôt ton compagnon. Tu veux t'assurer que ce n'est pas vrai, que c'est un mauvais rêve, que l'« Autre » ment, mais François Hollande te confirme avec précaution que oui, il a bien autorisé la publication de ces quelques lignes… Tu exploses. La journaliste Anna Cabana, du *Point,* raconte ce moment de tension au cours duquel tu défies François Hollande : « Tu as pris position en faveur de Royal sans me prévenir. Tu vas voir de quoi je suis capable ! »

À nouveau la jalousie te vrille. Tu cherches la parade. Tu penses très vite à une réaction publique. Tu penses à un soutien à Olivier Falorni que tu connais bien pour être souvent allée à La Rochelle, depuis des années, avec François Hollande. Tu l'appelles pour le lui dire.

En fin de matinée, tu pianotes un tweet sur ton smartphone. Un simple tweet. Exactement cent trente-cinq signes qui vont provoquer un véritable effet de souffle .

« *Courage à Olivier Falorni qui n'a pas démérité, qui se bat aux côtés des Rochelais depuis tant d'années dans un engagement désintéressé.* »

Il est 11 h 44. Tu souris. Ce tweet est une libération, il t'enlève ce poids qui t'oppressait. Tu respires à nouveau. Tu te relis, apaisée : ces quelques mots, tu les juges tout à la fois acides et ciblés. Tu aimes avoir décoché cette flèche-là. De quel droit t'empêcherait-on d'appuyer un ami ? Sur le coup, tu ne mesures absolument pas la portée de ton message, ni ce qu'il traduit de ta jalousie et de ta démesure, cette *hubris* que les Grecs de l'Antiquité avaient si bien cernée et représentée dans leurs tragédies.

L'effet de ton tweet est quasi immédiat. Il se propage comme un départ de feu dans le maquis en plein été. Valérie Pécresse, ancienne porte-parole du gouvernement Fillon et ex-ministre du Budget, réagit au quart de seconde et interroge à la cantonade sur le réseau social : « C'est un *fake* ? » Traduction pour les profanes : ce tweet de Valérie Trierweiler ne serait-il pas un faux ?

À l'Élysée, dans l'aile hollandaise, cela ne fait pas l'ombre d'un doute. Les services informatiques s'activent pour mieux protéger les ordinateurs et les téléphones de ton équipe, et surtout ton smartphone. Les conseillers du président, brusquement mis sous la pression médiatique, se veulent rassurants : « C'est une mauvaise plaisanterie », assure-t-on.

De ton côté, candide et redoutable, tu crois rétablir le calme en répondant immédiatement à l'AFP qui te sollicite. Oui, confirmes-tu, ce tweet est bien le tien.

Que n'as-tu pas fait, Valérie ! C'est aussitôt l'embrasement. Un moment très fort qui combine emballement médiatique et sidération politique.

Durant plusieurs heures, l'Élysée et Matignon ne répondent plus. Une énorme déflagration paralyse l'exécutif. Plus tard, un conseiller de l'Élysée se dira « littéralement scotché » : « Je m'attendais à des crises gouvernementales, pas à des crises conjugales », observe-t-il.

Pour l'heure, les politiques ne réagissent pas publiquement. Ils s'appellent, s'interrogent, s'étonnent. La droite jubile sous cape. La gauche croit halluciner et se mord les doigts, prise au piège du public/privé. On se rappelle le face-à-face télévisé des candidats : « Moi, président de la République… »

Venue soutenir Ségolène Royal à La Rochelle, entourée de journalistes, Martine Aubry se voit obligée de réagir. Elle hasarde une pirouette : « Mme Trierweiler n'étant pas une femme politique, il ne peut s'agir d'une faute politique. » Superbe antiphrase involontaire ! Il suffit de la retourner pour lui donner son sens et sa vérité. Quant à ton ennemie personnelle, unique objet de ton ressentiment, Ségolène Royal, elle se drape dans sa dignité de femme blessée et agressée : « Je suis dans un combat politique. Toutes mes pensées, toute mon énergie sont tournées vers les électeurs. »

Pendant ce temps, le président de la République déjeune avec le Premier ministre. C'est une parenthèse durant laquelle le temps suspend son vol, et les répliques se préparent.

Tu vas souffrir, Valérie, tu vas apprendre ce qu'est la vie politique.

À peine sorti de l'Élysée, Jean-Marc Ayrault prend soin de croiser quelques journalistes :

« Le message est très clair, dit-il. Le président de la République et moi-même, nous soutenons à fond la candidature de Ségolène Royal à La Rochelle. » Il balaie le reste, les « péripéties », les « commentaires ».

L'emballement médiatique prend cependant tout son essor. Ton tweet provoque un tel maelström que le discours de François Hollande devant le Conseil économique, social et environnemental passe inaperçu. Tant pis, ou tant mieux ! Les électeurs n'entendront pas, dans les flashes d'information, la parole présidentielle : « La croissance, elle ne naîtra pas de dépenses publiques supplémentaires... » Les chaînes d'information permanente, télés et radios, tiennent leur feuilleton en or.

Ton chef de cabinet plaide l'indépendance, ta liberté d'expression : « Il n'y a rien d'exceptionnel là-dedans. Ce n'est pas la première fois qu'une première dame prend des positions différentes de celles de son mari. C'est arrivé avec Danielle Mitterrand, mais aussi Cécilia Sarkozy. Valérie Trierweiler a toujours dit qu'elle revendiquait une liberté de parole. »

Soit, mais Patrice Biancone a du mal à justifier ta posture de journaliste donnant des consignes de vote...

La journée s'achève dans un climat de sidération. Les Français et le monde entier découvrent pour la première fois l'ampleur de ton animosité envers l'ex-compagne de ton compagnon. Ils comprennent que derrière ton allure apaisée et rassurante se cache une femme souffrante, mais décidée et dominatrice. Ils sont désormais à même de confirmer tes propos à l'hebdomadaire *Femme actuelle* : « J'ai du caractère, on ne peut pas me brider. »

La rumeur, cette terrible rumeur parisienne, veut que cette nuit-là François Hollande ne t'a pas rejointe à votre domicile du XVe arrondissement.

13 juin, palais de l'Élysée

Ton équipe mesure les premiers ravages provoqués par ton tweet. Les revues de presse se concentrent sur toi : ton égo, tes colères, ton inconséquence. C'est un concert échevelé, une cacophonie. Deux mots contraires reviennent le plus souvent. Les éditorialistes les plus optimistes et légers parlent de « vaudeville », cette farce grinçante à la française qui se joue à huis clos et où s'agitent, tels des pantins, le mari, la femme, l'amant ou l'ex. Au sens littéral, figuré ou symbolique, il y a toujours un cocu. Les commentateurs les plus pessimistes évoquent plutôt Shakespeare, comme Philippe Sollers qui sait que l'Histoire finit toujours par être tragique.

Pour l'instant, ce sont les médias qui s'agitent et occupent le terrain. Ils répètent en boucle la même chanson, mais truffent leurs histoires de nouvelles anecdotes, de nouveaux petits faits vrais. On s'éloigne de ton portrait si lisse, si propre. Ce que tu gagnes en densité romanesque, tu le perds en simplicité, pire, en sincérité.

D'un côté, télés et radios amplifient ton geste par la puissance de leur impact. De l'autre, les quotidiens mettent des mots sur la sidération d'hier.

À la une, *Libération* t'épingle durement, avec une photo de toi en plan américain, bras croisés et yeux fermés, telle une pénitente, sous ce titre cinglant qui accroche les passants : *La première gaffe de France. Mezza voce, Le Monde* publie une belle photo où tu apparais en lionne songeuse ; son titre fait plus mal : *Premier accroc dans la présidence « normale »*. Surtout, l'éditorial du jour est sévère.

C'est Sylvie Kauffmann, directrice éditoriale, ancienne directrice de la rédaction, qui a été correspondante en Russie, aux États-Unis, en Asie du Sud-Est, qui prend la plume et t'assène l'évidence . « Le tweet de Mme Trierweiler est une authentique erreur politique. Sa première victime en est l'image d'un président cohérent, serein et maître de son message. » Suivent quelques avis et, en guise de chute : « Un dernier conseil, peut-être : oublier Twitter. »

Le Figaro barre sa une avec ta photo et celle de Ségolène Royal, et commente : *La candidature Royal, une affaire politique et privée.*

La presse a longtemps été ton alliée. Elle devient ton juge. Tu étais la reine, tu deviens l'intrigante. Tu étais la bonne fée de François

Hollande, tu passes pour son démon. L'une de tes déclarations antérieures, dans un entretien accordé à *Femme actuelle,* est abondamment reprise, et pour cause : « François me fait totalement confiance. Sauf sur mes tweets ! »

Tu écopes instantanément d'un surnom : Twitterweiler.

Tu ne mesures toujours pas, ce matin, la portée de ton geste. Mais tu sens un froid soudain. Tu dois apprendre à lire derrière les sourires de façade, tu dois maintenant décrypter, derrière les analyses rassurantes de tes conseillers, les demi-vérités et les mensonges. L'ambiance du Palais a imperceptiblement changé. Le personnel s'incline par profession, mais ton flair te met en alerte. Le président lui-même est contrarié, et contrarier le président est difficilement pardonnable... Te rappelles-tu que tu vis désormais dans un palais ? As-tu bien conscience que tu évolues au sommet d'une République monarchique ? Ne t'es-tu pas suffisamment moquée de l'absence de dimension présidentielle de Nicolas Sarkozy : trop bling-bling, pas assez grave ? Et souviens-toi des propos très durs que vous teniez sur son incapacité à tracer une frontière entre la sphère du privé et celle du public !

Tu devrais relire Michelet, son récit de la terrible guerre que livra la duchesse d'Étampes, favorite de François Ier, à Diane de Poitiers, favorite d'Henri II. Médite cette histoire qui s'acheva dans le sang par ce joli coup d'épée du sire de Jarnac, laissant pour mort le sire de la Châtaigneraie. Médite le triste sort de la duchesse, finalement bannie de la cour. Veux-tu vraiment harceler Ségolène jusqu'à ce que mort s'ensuive ?

Tu ne réponds pas. Tu encaisses. Tu laisses passer la tempête.

Les politiques recommencent à mettre un pied dehors. François Rebsamen, maire de Dijon, président du groupe socialiste au Sénat, rédige son ordonnance : « Il faut qu'elle apprenne la réserve qui doit être la sienne en tant que compagne du président de la République. » Tu te demandes s'il parle sur ordre. Tu devines la réponse dans toute sa cruauté.

Nathalie Kosciusko-Morizet, ancienne ministre et porte-parole de Nicolas Sarkozy, déplore la confusion des genres : « On ne sait pas si Valérie

Trierweiler s'exprime comme compagne du président de la République, s'exprime comme militante socialiste, ou s'exprime comme journaliste engagée », dit-elle.

C'est peu de chose. La droite retient ses coups ; elle n'a pas même besoin de commenter.

En fin d'après-midi, une nouvelle frayeur saisit l'Élysée : ton compte Twitter affiche un message cursif qui renvoie au site Internet Rue89. Lequel fait référence à une information du monde.fr où il est question de la fameuse séance de prise de vue pour la photographie officielle de François Hollande. Tweettes-tu plus vite que ton ombre ? Est-ce une pulsion irrépressible ?

À nouveau tu reçois un coup de fil de l'Agence France-Presse. Tu indiques à l'AFP que ton compte Twitter a « apparemment » fait l'objet d'un piratage. L'AFP publie une dépêche. Bizarre, bizarre… Les services informatiques de la présidence seraient-ils incompétents ?

Ton chef de cabinet, lui, est affirmatif : ton compte a été purement et simplement piraté. Et le tweet est effacé !

Fermez le ban !

14 juin, palais de l'Élysée

Tu es punie. Privée de sortie publique sous l'œil des caméras. Tu n'es pas près d'oublier cette humiliation. Ce matin, tu n'as pas eu le droit d'accompagner, comme prévu, le président de la République aux Invalides pour l'hommage national aux soldats français tués en Afghanistan. Ou, plutôt, tu ne pourras le rejoindre que discrètement, après, lorsque tous les objectifs auront disparu, pour recevoir en privé les familles des militaires disparus et leur exprimer votre soutien personnel. La rumeur indique que c'est le président lui-même qui t'a écartée, dans un geste où se mêlent prudence et raison, un geste politique, en somme.

Cette décision te fait mal. Tu ne seras pas sur la photo et tu commences lentement, très lentement à mesurer l'ampleur de ta faute.

La déferlante médiatique ne s'apaise pas, du reste. L'étranger s'y met. Et les hebdomadaires arrivent dans les kiosques. Tu « bénéficies » d'une couverture médiatique sans précédent :

c'est la rançon du soin que tu as mis à te mettre en scène, à organiser jalousement, depuis plusieurs mois, ta présence aux côtés du président. *Le Point* publie en couverture ta photo avec François Hollande surplombée du titre : *Le casse-tête du président. Marianne* s'interroge : *Et il est où, le président « normal » ? Le Nouvel Observateur* fait surplomber la photo de François Hollande, encadré par les deux femmes de sa vie, d'une expression qui dit tout : *L'affaire Trielweiler. L'Express* suivra bientôt avec ce titre insolent illustrant un cliché de votre couple : *Qui est le chef ?*

Au-delà du ton, tu notes la fin de ton état de grâce, le changement radical de la presse à ton égard. Surtout dans le choix des photos. Les hebdomadaires te magnifiaient, ils te dévoilent. Les téléobjectifs adoucissaient tes traits, ils les creusent. Tu souriais et narguais les années, tu fronces le front qui accuse ton âge. Bref, la France découvre tes premières rides...

15 juin, Paris (XVᵉ arr.)

Pour toi, en y réfléchissant bien, le plus embêtant n'est pas cette déferlante médiatique, ni ce brusque revirement. Une actualité chasse l'autre, penses-tu. Ce qui te contrarie, au fond, ce sont deux ou trois articles inspirés, publiés par des plumes singulières. Car ces voix te percent dangereusement à jour et vont même plus loin. Ainsi, dans *Le Point*, le psychanalyste Jacques-Alain Miller écrit :

« Notre président est normal, oui, très, trop normal – il n'a qu'un symptôme, et c'est Valérie ! Un symptôme, au sens de Freud, dit la vérité que le sujet n'assume pas... Il y a beaucoup à apprendre de l'événement. D'abord, qu'un couple peut valoir comme une entité psychopathologique unique, l'un incarnant le dysfonctionnement psychique de l'autre. Ensuite, que l'hypercontrôle que s'impose un homme "normal" appelle fatalement le complément d'une femme qui soit "folle", c'est-à-dire qui n'en fait qu'à sa tête, fantasque, intenable, indomptable, intrépide, une dissidente dans l'âme. » Et le praticien continue, au scalpel : « Mais qui est-ce là donc ? C'est Valérie, mais c'est aussi celle qui l'a précédée : Ségolène. Qui ne voit que ce sont deux éditions de la même femme ? Chacune est le double de l'autre, son image en miroir. Impossible qu'elles se supportent. L'habile homme viendra à bout de Mme Merkel avant que de Ségolène et de Valérie. »

Dans une autre veine, plus douce, moins inquisitoriale, la romancière Belinda Cannone reprend et développe, dans *Libération,* l'idée d'un « complexe de la seconde ». Elle cite ce roman de Daphné du Maurier, *Rebecca,* dont Hitchcock fit une adaptation. C'est l'histoire d'un aristocrate britannique qui épouse en secondes noces une jeune fille d'origine modeste. Dans la demeure du lord, la jeune femme se heurte sans cesse à la « présence » de la première femme, Rebecca, dont elle se convainc qu'elle ne parviendra pas à prendre la succession. As-tu lu ce roman ? Belinda Cannone écrit ·

« Si, après une Rebecca, la position n'est pas confortable, c'est en fait à toute première femme, quelle qu'elle soit, qu'on souffre de succéder...

Phénomène psychologique relevant de ce que, dans un bel essai sur l'identité féminine, Nathalie Heinich a qualifié de "complexe de la seconde". Je me suis demandé ces jours-ci si Valérie Trierweiler n'avait pas à la fois un problème de première (dame) et de seconde (femme). »

As-tu la réponse ?

Ce soir, par amour, volonté de te rassurer et nécessité politique de tenter de faire taire rumeurs et interrogations, François Hollande t'invite dans un restaurant parisien en vue. Il arrive qu'un dîner en tête à tête, sous l'œil d'un public averti, apaise une polémique naissante. Il arrive aussi que l'exercice soit vain...

16 juin, palais de l'Élysée

Tu ne t'appartiens plus. Tu es l'objet de toutes les conversations, de tous les fantasmes. Au bistrot, dans les dîners, il n'est plus question que de toi. Lorsqu'une conversation n'aborde pas le sujet, quelqu'un intervient toujours pour dire : « C'est dingue ! Ça fait cinq minutes que nous discutons et nous n'avons pas encore parlé de Twitterweiler. »

Chaque Français a son idée sur toi. C'est un vertige. Tu ressens violemment cette séquence comme une dépossession. Tu n'es plus qu'une personnalité offerte en pâture sur la place publique, un dessin à la craie esquissé sur le trottoir sur lequel chacun passe et donne son avis. On te vilipende ou on t'absout, mais ton image, comme un mauvais génie, t'a échappé. Tu vis cette terrible descente aux enfers qu'endurent tous les crucifiés de l'opinion publique.

Ce n'est pas le premier sondage sur l'affaire qui peut t'apporter un quelconque réconfort. L'étude réalisée par l'institut Harris Interactive pour *Gala* indique clairement que seulement un sondé sur deux conserve une bonne opinion de ta personne. Plus précisément, 45 % n'apprécient pas le rôle que tu entends jouer sur la scène publique, et ton tweet est désapprouvé par 69 % des personnes interrogées.

Selon *Le Parisien*, tu concèdes à une amie : « J'ai commis une erreur. » Pour l'heure, tu te bornes à ce constat, t'exonérant de tout regret.

17 juin, second tour des élections législatives

Les soirées électorales se suivent mais ne se ressemblent pas. Celle-là est très tendue. Toute la semaine, tu as entendu les chroniqueurs politiques répéter que le « tweetgate » pouvait avoir pour la gauche des conséquences aussi négatives que celles endurées par la droite en 2007, après l'annonce de la mise en place d'une TVA sociale. Que la gauche perde ce soir une quarantaine de sièges par rapport aux estimations, qu'elle voie s'échapper le graal d'une majorité absolue, et tu sais que la foudre s'abattra sur toi.

Ton soulagement est rapide. Un double soulagement. Le PS l'emporte largement, ton compagnon aura les pleins pouvoirs, donc la foudre s'éloigne, et Ségolène Royal mord la poussière. Tu la vois à terre, humiliée. Elle ne recueille que 37,03 % des suffrages, alors que ton chevalier Falorni obtient le score mirobolant de 63 % des votes.

Tu gardes un masque impassible en regardant ton ennemie intime faire face aux caméras. Elle encaisse et tu grimaces intérieurement en l'entendant répéter mécaniquement : « Bien sûr que c'est une déception, ce qui s'est passé ici est le résultat d'une trahison. »

Pour toi, comme tu l'as un jour écrit, « tout ce qu'elle aura, ce sera déjà trop ».

18 juin, palais de l'Élysée

Ce matin, les médias s'agitent à nouveau. Ta notice biographique a tout simplement disparu du site Internet de l'Élysée. Faut-il en déduire que le Palais a décidé de mettre définitivement fin à la fiction juridico-politique de la première dame ? Le service de presse dément immédiatement cette interprétation. On assure à l'Élysée que ta notice ne donnait pas satisfaction et qu'elle est en cours de réécriture…

Tu relis aussitôt la notice de François Hollande et tu constates avec soulagement qu'elle, elle n'a pas changé. Officiellement, sur le site de l'Élysée, François Hollande « a quatre enfants et vit maritalement avec la journaliste Valérie Trierweiler ». La réécriture de l'Histoire est bel et bien en marche. Ségolène Royal n'est pas mentionnée. Elle n'a jamais existé. Les quatre enfants du président de la République n'ont pas eu de mère...

19 juin, Paris (XVᵉ arr.)

Ton compagnon s'est envolé pour le Mexique afin de participer au G20, et tu es restée à Paris. Ce simple énoncé électrise la cour. Serait-ce l'indice d'une réorientation de la communication présidentielle ? Les partisans de ton retrait ont-ils eu gain de cause ? As-tu toi-même décidé de zapper le voyage à Los Cabos ? Pour couper court à la rumeur naissante d'une mise à l'écart, tu fais savoir par ton cabinet que tu as tenu à rester à Paris pour être avec tes enfants au moment des épreuves du bac. Cette brusque attention t'honore.

20 juin, palais de l'Élysée

François te manque. Après le Mexique, il s'envole pour Rio et le grand sommet environnemental. Tu aurais aimé traverser l'Atlantique, respirer un autre air. Tu étouffes, car ici les miasmes pullulent. Pas un jour sans une attaque, une critique. On te signale que *L'Express* s'apprête à te mettre en cause à propos de la mise à l'écart de la commandante qui a assuré ta protection durant la campagne électorale. À nouveau tu pestes, tu maudis cette presse qui te colle aux basques. On t'apporte le court article qui raconte le zèle de la policière à ton service, se transformant en porte-ombrelle, à la Réunion, pour te protéger du soleil. Mais *L'Express* rapporte aussi ta colère, en avril, lorsque, l'espace de quelques minutes, tu ne retrouves pas tes affaires dans une loge du palais omnisports de Bercy, reprochant à la fontionnaire de sécurité de n'avoir pas fait son travail. En fait, tes affaires seront retrouvées non loin.

Aujourd'hui, cette commandante est la seule de l'équipe de protection durant la campagne à avoir été écartée du Groupe de sécurité de la présidence de la République. Une source policière anonyme t'en fait porter la responsabilité... Ton cabinet réfute cette version : « Cette décision relève du cabinet de l'Élysée et de la chef du Groupe de sécurité, mais en aucun cas de Valérie Trierweiler », explique un conseiller qui évoque des « erreurs professionnelles ». Oui, pas un jour de répit.

21 juin

Tu as choisi, pour ta deuxième chronique dans *Paris Match,* de rendre compte du livre d'Amanda Sthers. Tes articles sont décidément une mine. Tu nous livres aujourd'hui deux indices. D'abord, le titre du livre dont tu rends compte est en soi un message : *Rompre le charme.* Mais était-il besoin de sous-titrer l'épisode que nous venons de vivre ? Et puis, tu notes au passage : « Chaque famille trimbale son lot de

drames, de secrets, de non-dits et de souf-
frances. » Serait-ce une confidence ?

22 juin, Paris (XVe arr.)

Tu pestes. L'album *François Hollande président, 400 jours dans les coulisses d'une victoire*
n'est toujours pas sur les présentoirs des librai-
ries. Les éditions du Cherche-Midi en ont pourtant imprimé 20 000 exemplaires : cela devrait se
voir ! Heureusement, les premiers articles de
presse sortent : une page dans le supplément
« Culture & Idées » du *Monde*, un zoom dans
Libération.

Cet album, c'était ton secret. L'un de tes
secrets. Dès le début de sa candidature à la candidature socialiste, François Hollande t'avait
donné son accord. Le photographe Stéphane
Ruet aurait l'autorisation de vous suivre partout à travers la France. À la fin, une fois les
meilleurs clichés sélectionnés, tu en ferais les
légendes. Et François Hollande, devenu président de la République, écrirait la préface. Pari

tenu ! Cela tient de la petite entreprise familiale, mais passons. Et félicitons Stéphane Ruet, promu depuis lors photographe officiel à l'Élysée.

Ce livre, tu le tiens entre tes mains, tu le retournes, tu le savoures. C'est une page de ton histoire, celle d'un couple en campagne, toi toujours présente, de plus en plus présente, omniprésente Couple radieux filant vers la victoire.

C'est un journal intime, aussi. Tu évoques le meeting de Rennes où furent mises en scène les retrouvailles de Ségolène Royal et François Hollande. « Oui, l'homme que j'aime a eu une femme avant moi, écris-tu. Et il se trouve qu'elle a été candidate à l'élection présidentielle. Je fais avec. » N'est-ce pas trop abrupt ? Voire un brin cavalier ?

Dans les dernières pages, tu dédies l'album à ton compagnon : « À François pour notre histoire d'amour et pour m'avoir embarquée, malgré moi, dans cette aventure extraordinaire » (page 144). Malgré toi ?

23 juin

Encore une couverture d'hebdo ! *Elle* te publie plein cadre, en vamp magnifique. Le titre est à sa manière un message politique : *Seule contre tous*. C'est le signe que la situation s'est très sérieusement dégradée. Le sous-titre t'accorde encore une chance : *Comment elle peut rebondir.* Le magazine féminin a probablement une petite idée en se demandant : « Peut-elle rester libre, ou doit-elle s'effacer derrière son compagnon devenu président de la République ? »

24 juin, Paris (XVᵉ arr.)

Père Fouettard de la gauche décomplexée, Noël Mamère, député écologiste, se place sur la même ligne que *Elle*. Sur France 5, il te demande de te mettre en retrait : « La seule chose que doit faire le mari ou la femme d'un président ou d'une présidente de la République, c'est de rester discret. »

Un mauvais coup n'arrive jamais seul. Le dernier baromètre de l'IFOP pour *Le Journal du dimanche* est inquiétant. Tu lis attentivement les données statistiques du sondage sur la popularité du pouvoir exécutif. Ce n'est pas la fin de l'état de grâce, c'est le début d'une ère du soupçon. Le président de la République perd deux point de « satisfaits » (sa cote se fixe à 59 %) et surtout voit les « mécontents » progresser de sept points (sa cote baisse à 40 %).

Quelle est ta part, dans ce décrochage ? Jean-Luc Parodi, expert en sciences politiques auprès de l'IFOP, cite l'esquisse d'analyse d'un cadre supérieur déstabilisé : « Ce qui m'a gêné, c'est cette histoire avec Royal, le message envoyé ; il fallait qu'il tienne sa souris. » Cette dernière expression t'agace, mais sent l'authentique. Jean-Luc Parodi note aussi que François Hollande « fait nettement moins bien que Nicolas Sarkozy il y a cinq ans ».

25 juin

La pression te conduit à réfléchir. L'accumulation de mauvaises nouvelles est telle que tu te sens acculée. Mais tu n'es pas encore prête à déclarer publiquement :

« Moi, première dame de France, je renoncerai au cumul de mon métier de journaliste et de *First Lady*.

Moi, première dame de France, je m'interdirai de faire pression sur les médias.

Moi, première dame de France, je ferai tout mon possible pour ne pas entretenir de confusion entre la sphère privée et la sphère publique. »

26 juin, palais de l'Élysée

Tu es devenue transparente, invisible. La visite de la Prix Nobel de la paix 1991, Aung San Suu Kyi, en France durant trois jours, accuse encore davantage ton effacement. Aucun journal ne signale ta présence, pourtant bien réelle, à l'Élysée aujourd'hui, alors que ton compagnon reçoit avec les honneurs celle qui incarne à la perfection l'éternel combat pour la liberté et la démocratie. La madone birmane prend toute la lumière et nul ne cite ton nom parmi la vingtaine de convives qui participent au dîner offert au Palais.

Le service de communication filtre soigneusement l'information : on apprend seulement que la réalisatrice Agnès Varda, la Prix Nobel de médecine 2008 Françoise Barré-Sinoussi, l'ancien résistant Stéphane Hessel, le président de l'Assemblée nationale Claude Bartolone, les ministres Marisol Touraine, Najat Vallaud-Belkacem et Aurélie Filipetti ont participé aux agapes autour d'une lotte à la vapeur de coriandre.

Ainsi es-tu passée du rôle extrême d'hyper-première dame à celui de fantôme.

27 juin

Un nouveau sondage CSA, pour *Les Échos*, confirme le précédent. La cote de confiance du président a baissé de sept points depuis la fin du mois de mai. À l'évidence, tes interventions tempétueuses et ton dérapage inouï, sans compter les divers couacs de communication du gouvernement, ne sont pas étrangers à cette brutale décélération.

28 juin, Paris Match

Tu ne désarmes pas. Pour la troisième semaine consécutive, tu honores ton contrat de chroniqueuse à *Paris Match*. Cette fois, tu rends compte avec sensibilité du livre de Gersende et Francis Perrin sur leur fils Louis, 10 ans, autiste, et leur combat pour l'aider.

Pas de sous-texte apparent. Tu t'effaces devant ton sujet et cela te repose.

30 juin

C'est l'essayiste Marcela Iacub qui résume le mieux, dans *Libération*, le conflit d'intérêt dans lequel tu es empêtrée et dont tu ne veux, ne peux, visiblement pas sortir :

« Le fait, pour une journaliste, d'être en couple avec ce type d'homme [au pouvoir] la met dans une situation délicate parce qu'elle est censée être un contre-pouvoir au sien. Les journalistes sont les chiens de garde de la démocratie, leur mission essentielle étant de surveiller, de contrôler, de critiquer le gouvernement et ses politiques. »

Théâtre du Rond-Point, 21h30

Tu n'es pas contre le pouvoir, tu es tout contre, si l'on peut se permettre de paraphraser Sacha Guitry. Tu es au bras du président, amoureuse et fière. Vous faites quelques pas, l'air détendu, dans la contre-allée de l'avenue Franklin-Roosevelt. Tu l'accompagnes à la soirée organisée par le Rond-Point, à l'occasion du dixième anniversaire de la direction de Jean-Michel Ribes. et la vie te semble à nouveau belle. Vous retrouvez sur place Jack Lang,

Bertrand Delanoë, Aurélie Filippetti, nouvelle ministre de la Culture.

Tu souris et arbores une nouvelle coiffure. Tu as renoncé à tes formidables brushings qui te donnaient cette belle crinière : ton orgueil, ta signature. Renoncé est le mot. Il y a de l'autopunition dans ton choix. Tu as coupé tes cheveux, les laissant mi-longs. Tu les ramènes maintenant en un chignon fou. Tu dégages ton front et tes tempes, manière de te mettre inconsciemment à nu. C'est la forme de flagellation que tu as choisie. Silencieuse.

1er *juillet*

Ce matin, aucun journal ne publie ta photo. Ta nouvelle coiffure n'est pas mentionnée. Même la blogosphère, d'habitude si rapide, toujours aux aguets, est muette. Pas de son, pas d'images. C'est une énigme. Les médias se seraient-ils mis spontanément à la diète ?

3 juillet

Une double rumeur circule. La première voudrait que les quatre enfants de ton compagnon aient décidé de ne plus te voir, en signe de solidarité avec leur mère. François Hollande aurait appelé chacun d'entre eux pour faire le point, comprendre, discuter, désamorcer.

La seconde rumeur a trait à ton positionnement. Un conseiller de la présidence de la République aurait rédigé une note destinée à préciser ta marge d'action. Cette note, dite de recadrage, te suggérerait de réduire le nombre de tes collaborateurs à l'Élysée, de fermer ton compte Twitter et de réfléchir à ton avenir professionnel.

4 juillet, église Saint-Sulpice

Rumeur ou pas, tu réponds par des actes. Aujourd'hui, que cela plaise ou non, tu représentes ton compagnon aux obsèques d'Olivier Ferrand, cet intellectuel fondateur du laboratoire d'idées Terra Nova, inventeur des primaires socialistes et tout jeune député socialiste des Bouches-du-Rhône, foudroyé le 30 juin par un infarctus. Il incarnait l'enthousiasme et l'innovation. Sa famille, ses proches et toute la gauche lui rendent hommage cet après-midi à l'église Saint-Sulpice. Tu te recueilles au milieu d'eux. À la fin de l'office, tu descends les marches, l'air triste et préoccupé, aux côtés de Claude Bartolone, nouveau président de l'Assemblée nationale. Tu portes un ensemble veste-pantalon bleu nuit et, à nouveau, ce brushing soyeux qui est ta marque…

5 juillet, Paris Match

C'est ta quatrième chronique. Tu la consacres à Rosalind Franklin, l'une des découvreuses de la structure ADN. *Une femme qui « gène »*, titres-tu. Il faut bien admettre que tu as le chic de ces titres à double entente. Ton article sonne tout à la fois comme une revendication et une protestation contre le monde des mâles prompt à se protéger et à écarter sans pitié les femmes de talent. Suivez mon regard.

Le titre de la biographie de Brenda Maddox dont tu rends compte t'a plu d'emblée : *La « Dark Lady » de l'ADN*. Cette *Dark Lady*, c'est aussi toi, bien sûr, à prendre ou à laisser. Tu les attends de pied ferme, tous ceux qui aimeraient te faire céder, te renvoyer dans tes foyers. C'est ta réponse aux conseillers du président !

8 juillet

Tu ne vas pas à Reims. Tu n'accompagnes pas François Hollande qui accueille Angela Merkel à l'occasion des « 50 ans de l'amitié franco-allemande ».

10 juillet

Tu ne vas pas à Londres. Tu te prives d'une royale rencontre à Windsor, là même où Carla

Bruni-Sarkozy avait brillé, il y a quelques années, coiffée d'un adorable bibi, en esquissant une révérence parfaite.

11 juillet, fin d'après-midi

Le Point met en ligne, sur son site Internet, un court article qui relate des propos de Thomas Hollande à ton sujet. Ton beau-fils te charge : « Je savais que quelque chose pouvait venir d'elle un jour, mais pas un si gros coup. C'est hallucinant. » Il se montre tout aussi sévère sur ton rôle : « C'est un facteur d'instabilité… Soit elle est journaliste, soit elle a un cabinet à l'Élysée. » Enfin, ce trait en forme de supplique : « Et, surtout, pas de deuxième tweet ! »

Le plus troublant, dans ces déclarations, reste cette réflexion du fils à propos de son père : « Cette affaire a détruit l'image normale qu'il avait construite. »

12 juillet, palais de l'Élysée

Des bribes d'informations sont distillées par la présidence sur le programme des jours à venir. Tu devrais être présente au défilé militaire du 14 juillet, à Paris. L'entourage du président n'exclut pas que celui-ci évoque ta « place » lors de son entretien télévisé qui sera réalisé en direct de l'hôtel de la Marine. Vous filerez ensuite dans le Sud, en Avignon, à l'occasion du Festival. Vous devriez aller voir la pièce de Luigi Pirandello, *Six personnages en quête d'auteur.*

La « *Dark Lady* » est toujours là !

14 juillet, place de la Concorde

Il est dix heures du matin. Comme prévu, tu t'installes dans la tribune d'honneur des invités pour assister au défilé militaire. On ne regarde que toi. Tu serres quelques mains, tu déclines toute invitation à prendre la parole publiquement. Durant deux heures, aux côtés de Brigitte Ayrault, femme du Premier ministre, tu regardes passer en silence l'infanterie, les engins motorisés, l'aviation. Tu applaudis. Tu souris. Tu sembles si sage dans ton trench-coat beige de jeune fille...

Hôtel de la Marine, 13 h 15

Le président répond en direct aux questions de Claire Chazal et de Laurent Delahousse. Tu le regardes attentivement. Tu attends leur inévitable question sur ton tweet. François Hollande fait du François Hollande : « Les affaires privées se règlent en privé et je l'ai dit à mes proches pour qu'ils respectent scrupuleusement ce principe. » Les journalistes reviennent à la charge, s'interrogent sur ta fonction, tentent de pointer la contradiction entre le rôle de première dame et celui de journaliste ; ton compagnon réplique en éludant : « Ce n'est pas facile de prendre cette place ! Valérie veut garder son activité professionnelle, je le comprends. » Ce

« Valérie » te comble. La séquence n'aura duré qu'une poignée de secondes. Expédiée.

Tu es soulagée. Tu sais que rien ne sera plus tout à fait comme avant, mais que tout continue...

Brest, 18 heures

C'est le vingtième anniversaire de la Fête maritime internationale. Vous arrivez un peu en retard, l'air détendu. François serre des mains ; tu l'imites. Dans ce mini-bain de foule, tu réponds à une question, devant la caméra de BFM-TV, en articulant bien : « Je tournerai sept fois mon pouce, maintenant, avant de tweeter ! » Tu as, tu veux impérativement avoir le dernier mot.

15 juillet, Festival d'Avignon

Tu brûles d'envie de pianoter sur Twitter, de dire à nouveau ton fait. Depuis le 12 juin, ton compte n'a pas bougé. Il affiche toujours le même message fou en tête de page

Objectivement, le choc provoqué par ton tweet s'est estompé, mais pas l'écho de l'insoumission, de la rébellion dont il était porteur. Il contient toujours sa charge explosive, cette exposition de ce que Spinoza qualifiait de « passions tristes » : la jalousie, l'envie, les larmes, le mépris, la dérision, la colère, la démesure…

Chère Valérie, as-tu finalement compris que ces 135 signes ont d'emblée conféré une couleur équivoque au nouveau quinquennat ?

Cent jours ont passé, et l'évidence d'un gâchis domine. Le beau concept d'une présidence « normale » s'est déjà oxydé. À quoi sert-il que le président et son Premier ministre prennent le train, si tu disposes d'un cabinet pléthorique à l'Élysée ? À quoi rime la modestie affichée, si elle revient à exposer publiquement jalousie et cumul de statuts et de privilèges ? En quelques mois, tes tourments ont saturé l'espace médiatique. Les Français n'en demandaient pas tant.

François Hollande et toi aviez pourtant eu des mots très durs sur Nicolas Sarkozy et sa manie de brouiller la frontière entre sphère publique et sphère privée. À ce style présidentiel il était clair que vous vouliez opposer une simplicité scandinave, une norma-lité toute hollandaise. Ce beau rêve est déjà cor-rompu !

L'avenir nous dira très vite si le « tweetgate » fait davantage écho à l'erreur inaugurale du Fouquet's ou à la boulette magistrale de l'EPAD, quand l'ancien président s'était mis en tête de faire nommer son fils Jean à la tête de l'établissement public d'aménagement de la Défense. Qu'importe, tu sais maintenant que ce tweet est un sparadrap tenace.

Tes amis et tes conseillers cherchent à te rassurer. Tout cela, te disent-ils, passera comme l'écume. Détrompe-toi : ce qui touche au sommet de l'exécutif n'est jamais anecdotique. Il y a certes beaucoup plus important que tes aventures — on pense à la crise de l'euro, aux tensions sociales liées à la pauvreté et à la précarité. Mais tes faits et gestes sont, comme ceux du président, déterminants.

En livrant une guerre improbable à Ségolène Royale, tu as surligné une possible faille ou faiblesse de caractère de François Hollande.

Tu as aussi enclenché un redoutable mécanisme : seras-tu l'aimant qui attise l'impopularité autour du président ?

Tu as eu le grand tort de mettre en pleine lumière la position singulière de François Hollande, un homme qui aime trop les femmes pour les épouser. De méchantes langues avaient raillé Nicolas Sarkozy, incapable de « tenir » Cécilia tout en aspirant à diriger la France. Te voilà, toi, la compagne du président, démontrant que ton compagnon n'est pas maître chez lui.

N'as-tu pas compris que « chez lui », ce n'est pas « chez toi », mais la France ?

Photocomposition Nord Compo
Villeneuve-d'Ascq